L'HORIZON DES MOTS

... ou les Mots sur la Ligne...

MIXTE
Papier issu de sources responsables
Paper from responsible sources
FSC® C105338

Lydia MONTIGNY

L'HORIZON DES MOTS

Mentions légales

© 2023 Lydia MONTIGNY

Édition : BoD – Books on Demand, info@bod.fr
Impression : BoD – Books on Demand, In de Tarpen 42, Norderstedt (Allemagne)

Impression à la demande

ISBN : 978-2-3222-5411-8
Dépôt légal : Mars 2023

Ecrire

Avec son âme

Lire

Avec son cœur

MOTS DE L'AUTEURE

Les mots choisissent l'auteur
Et la grandeur de l'heure
Pour répandre son bonheur
Comme un bouquet de fleurs

Ils choisissent la couleur
De l'encre avec pudeur
Disparaissant à la lueur
D'un chapitre fugueur

Les mots choisissent l'auteur
De leurs livres enchanteurs,
Devenant les sculpteurs
Des valeurs de nos cœurs…

La vie s'adoucit

En feuilletant le silence

Politesse de l'air

VOLAPUK

Je   vol - tige

Tu   vol - ubilis

Elle   vol - heure

Nous   vol - canot - logiques

Vous   vol - lumineuses

Ils   vol - ont – taire - rien

Croire que le temps

Chuchote sur son passage-

Aimer son pas sage

HISTOIRE D'UNE PAGE

C'est l'histoire d'une page
Cherchant un regard
Une main de passage
Glissant là par hasard

Elle attendait bien sage
Qu'on lise son message
Et la lueur du jour
Effleurait son contour

Mais le vent a joué
A vouloir la tourner
Le soleil a doré
La lettrine adorée

…/…

…/…

C'est l'histoire d'une page
Effeuillant cet hommage
Sans numéro, sans âge,
Lue par vagabondage…

Désert de pensées

Blanchir les pages assoiffées

Ombre d'un mirage

VAGUE

Vogue sur l'onde
Calme et profonde
Du silence du monde…
Vogue, douce ronde…

Plonge et glisse
Dans la vague qui plisse,
Entre les mots que tisse
Le chant de l'éclipse

Nage et papillonne
Dans l'indigo qui s'abandonne,
Eclabousse et rayonne
Sur les voyelles, les consonnes

…/…

…/…

Mais avant que ne s'achève
Cette douce parenthèse
Laisse flotter ton rêve
Que déjà le vent soulève…

La lueur coule

Sur la fièvre des pensées

Chercher un livre

RIRE EN COULEURS

Je   bleue câline-rie

Tu   vertes secrète-ri-ad

Elle   rose bonbon-sucre-rie

Nous   noir velours-soupir-rions

Vous   mauves moque-rirez

Elles   multicolores-fleur-rirent

La musique étreint

Le sensible de l'âme

Etre une seule note

ENTRE NOUS

Un pont se tend
Entre ciel et terre
Sans en avoir l'air,
Entre montagne et mer
Suspendu à l'envers,
Par dessus les rivières
Et les abysses de pierres

Un pont file
Entre les clins d'œil d'idylle,
Entre le zist et le zest,
Entre l'ouest et l'est,
De l'aube au crépuscule
Comme une coupe de Bulles.

Un pont de bois
Cliquetant comme il se doit
Au passage d'un vélo,

…/…

…/…

Un pont sur l'eau
Aux frontières de l'égo,
Aux souvenirs sans défaut,
Entre chien et loup
De cet empire fou,

Un pont de douceurs
Pour la paix de nos cœurs,
Un pont d'amour entre nous
Pour un rendez-vous
Sur un mot doux
Gravé sur l'éternité d'un Nous…

Ecrire sur la page

Des sons imaginaires

Ton amour en mots

CHOISIS

Choisis la musique
D'une vie fantastique,
De sons chamaniques
Aux reflets psychédéliques

Choisis la couleur
Des éclats de bonheur,
De l'abandon des heures
Dans l'ombre de la peur

Choisis les mots lointains
S'inscrivant le matin
Sur le parchemin
Défroissé dans tes mains

.../...

…/…

Choisis une histoire
Comme fleur de mémoire
Que tu liras le soir
Les yeux pleins d'espoir

Choisis le charme
Du silence qui désarme
Et protège la flamme
Où brillent les mots de ton âme

Au pied de la lettre

Jeter au hasard un D

Sauter au pied levé

SANS UN MOT…

Je ne parlerai pas
Des chiffres du temps
Orchestrant lentement
L'impatience qui ment

Je ne me souviendrai pas
Du néant qui se bat
A l'envers de tes pas
Moonwalk mea culpa

Je ne volerai pas
Dans le vent essoufflé
D'avoir traversé
Les montagnes salées

…/…

…/…

Je ne marcherai pas
Sur les chemins sauvages
De paroles trop sages,
De cœur en cage

Je n'écrirai pas
Les mots conventionnels
Qu'on écrit sur les ailes
Des rêves éternels

Je ne dirai rien
Puisque n'existera
Le silence de ta voix
Dans l'azur de tes yeux, là…

Journée sous la pluie

Sourire excusant le sel

Noyer l'horizon

BLEU

J'ai posé sur la page
Le bleu de ton image,
La douceur d'un nuage
Caressant ton visage,
Le bleu un peu farouche
D'un clin d'œil qui me touche,
Celui d'un arc en ciel
Te saluant de son aile.

J'ai nuancé de lueurs angevines
La pierre de Célestine
Et celles que je devine
Sont dans l'encre de tes rimes.
J'ai posé sur la sagesse
Le turquoise avec délicatesse,
Et sur mon rêve d'océan
Des mots bleus ondulant.

.../...

…/…

J'ai posé sur la toile
Le velours bleu royal
Pour que scintille l'étoile
Aux pétales de cristal.
Dans l'azur de tes yeux
L'amour fond, camaïeu
De bleu soyeux
Aux reflets joyeux,
Diaprés de mélodieux
Rêves silencieux…

Ecrire l'histoire

D'une larme sur un buvard

Le rond d'un N **O** N

INCOGNITO

Il manque un mot
A ce bouquet ... beau
De mauves roses
De mots roses
... Tu oses...

Il manque deux mots
Sur le quai sans bateau
Sur la mer sans radeau
... Sur les flots...

Il manque trois mots
Le soleil dans le dos
L'ombre dans l'eau
... Sur un bleu... indigo...

.../...

…/…

Il manque ton mot
Ecrit sur ma peau
Sur l'album de photos
Un mot comme un écho
A ce livre… Incognito…

Border les étoiles

De rêves pleins de sourires

Oreiller de lune

IMAGES INCERTAINES

Dans les images incertaines,
Dans la brume des plaines
Se cache la peine,
S'attache à peine
L'élégance sereine
Des fleurs d'éden
Incertaines…

Dans les ombres soudaines
L'horizon se déchaine,
Le contour de ses chaînes
Ondule et s'enchaine
Aux poésies lointaines,
Aux lunes blêmes
Soudaines...

…/…

…/…

Dans les lueurs incertaines
L'espérance est reine,
Et les folles ébènes
Telles des porcelaines,
Se brisent vaines…
Les silences se souviennent
D'images incertaines…

Poésie de Vie

Comme un recueil entrouvert

Ta page est la mienne

IMPROVISATION

J'aime improviser
L'instant de liberté,
Celui qui joue
Et qui rend fou,
Ce vent jaloux
Se faisant doux.

J'aime apprivoiser
L'ombre de l'été,
Le sable effarouché
Où ma vie allongée
Confie ses secrets
Aux vagues bleutées.

.../...

…/…

J'aime improviser
Le silence épuisé
D'avoir imaginé
Ces mots désirés,
Et j'adorerais apprivoiser
Ton sourire captivé
Pour lui rendre sa liberté…

Dessiner des lettres

Savoir le poids de leurs sens-

Légèreté d'âme

UN CHATEAU DE MOTS

A l'aube d'un jour nouveau
Je dessinerai un piano
Aux notes bleues et vert d'eau
Dans le jardin de Solferino,
Un piano rond, si beau,
Sol fa ré mi do...

Je danserai sur les eaux
Sous le soleil, si haut,
De tamouré en noix de coco,
Pour parfumer ma peau...

Je marcherai sans repos
Jusqu'au Kilimandjaro
Et changerai les points cardinaux
Pour jouer avec les oiseaux...

.../...

…/…

Je construirai un château
Un immense château de mots,
Avec des verbes décimaux
Des noms en domino
Des articles originaux
Des verbes internationaux
Des adjectifs d'animaux
Des mots doux, des mots joyaux
Des mots joyeux en soprano…

Alors les lettres de ce château
S'envoleront en milliers de mots…

Ecrire cet instant

Croire en la couleur des mots

Aimer ce regard

L'EMAIL D'UN MOT
LES MAILLES D'EMAUX

Je   mot-rose-et-bleu

Tu   cas-mot-mille-et-une-nuits

Elle   mot-aile-blue-swallow

Nous   mot-aux-chenilles-ou-papillons

Vous   des-mots-lissez-bouclez

Ils   mots-d'est-en-ouest

Chercher le mot juste

Pour contenir tout son cœur-

Rime avec Toujours

LENTEMENT...

Tu dessines la lenteur
Dans la pâleur de l'heure,
Repasse l'horizon
Du doigt sur mon front.

Tu traces doucement
Le contour d'un sentiment,
Posant quelques accents
Sur la rose des vents

Il paraît qu'à l'aurore
Viendra enfin éclore
Une arabesque d'or
Du livre où la vie dort

.../...

…/…

Tu esquisses à la plume
La mollesse de la brume
Flottant vaguement
Tel un drap blanc au vent

Tu dessines lentement
Ce visage souriant
Et l'amour silencieusement
S'éveille doucement…

Eclat de soleil

Transperçant l'épais brouillard-

Douceur de penser

OU VONT LES MOTS ?

Où vont les mots
Uniques amis ou échos
Traversant les pays
Aux frontières ébahies,
Ces mots en couleur,
Irrésistibles candeurs,
De lettres en fleur,
De livres enjôleurs...

Où vont-ils
Impatients, volubiles,
Inconscients et tactiles
Sans fin et sans fil,
A croire qu'écrire
Les fait revenir
Voire les retenir,
Oasis de souvenirs...

.../...

…/…

Où vont les mots
Solitaires et beaux,
Traversant les eaux,
Les airs sans chaos,
Ces mots musicaux,
Libres incognitos…
Tous ces mots pyramidaux
Auront le dernier mot…

Pluie de lumière

Traversant le grand vitrail

Mots d'une prière

ASSEYONS-NOUS…

Assieds-toi là
Près de moi
Ne parlons pas,
Le temps aime ça.

Laissons le vent
Jouer espièglement
Les mélodies suaves
Aux refrains graves,
Les notes s'envolant
Des flutes de pan.

Laissons la mer
Danser, lunaire,
Pour que les marins reviennent
Sauvés par les sirènes,
Et le sable se souvienne
Des cœurs qui s'enchainent

                              …/…

…/…

Laissons l'instant cristallin
Aux musiciens,
Aux poètes du matin,
Aux mains du magicien,
Asseyons-nous,
Le silence entre nous
Ecrira tout ce temps
Tendrement…

Ouvrir un livre

Poser son doigt sur les lignes

Sourire de l'auteur

PAGE BLANCHE...

La page blanche
S'ouvre et s'élance,
Délicate insolence
Souriant à la chance.

J'aimerais de ma plume
L'attraper, mais présume
Que l'encre de son écume
Lui semblerait inopportune.

Elle préfère les silences,
Les sourires de l'existence,
Les douces impatiences,
La clarté de la confiance...

                                         .../...

.../...

La page blanche n'est plus
Qu'un rêve dans l'absolu
Et la plume s'est émue
Que son cœur y ait fondu...

Au cœur de l'église

La prière universelle

Joindre les deux mains

J'AURAIS AIME...

J'aurais aimé te dire
Les pas pour ralentir
Ceux qui te font partir
Vers d'autres devenirs,

J'aurais aimé comprendre
Le Printemps au vert tendre
L'été de ces années
Que la neige a caché,

J'aurais aimé savoir
Pourquoi les mots le soir
Fondent dans la mémoire
Du ciel de l'espoir

                                                .../...

…/…

J'aurais aimé écrire
La force de ton sourire
Mais je ne peux t'offrir
Que cet amour à lire…

Composer des sons

Harmonie des syllabes

La gamme de l'âme

Verbe SE LEVER... OU PAS...

Je me réveillerai... ou pas

Tu t'étireras... ou pas

Il fera nuit... ou pas

Nous ronronnerons... ou pas

Vous vous relaxerez... ou pas

Ils se rendormiront... ou pas

Absence lente

Hypnose du livre ouvert

Berceuse d'un mot

ETRE UN LIVRE…

Un papyrus doré
Sous le ciel bleuté
De ton regard captivé,
Où sont gravés
Les mots appuyés,
Les verbes indiscrets,
Et les secrets aimés…

Une page éclairée
Par les temps composés
Au fil des années,
Vivant amour imprimé,
Ne pourra se tourner
Que vers l'éternité
De ce livre inavoué…

Mémoires d'un livre

Aux traces originelles

Lignes des deux mains

IL PARAIT...

Il paraît
Que l'hiver
Sous la neige fait taire
Le rêve d'un hier
Immobile et solitaire

Il paraît
Que le printemps
Pose des diamants
Sur les cheveux blancs
Doucement

Il paraît
Que l'été
Se reflète en secret
Sur les mots adorés
Et sages de tes pensées

.../...

…/…

Il paraît
Que l'automne
En couleurs tourbillonne,
Se couche et ronronne,
Sa quiétude résonne

Il paraît
Que la vie
Illumine d'énergie
L'amour qui lui confie
La force de sa magie…

Inventer un mot

Des lettres sur une page

Ecouter ta voix

CONJUGAISON EN L'AIR...

Je claire et éclaire

Tu fer et préfères

Il perd et impair

Nous vairons et reverrons

Vous tairez et extrairez

Elles errent... extraordinaires !...

Ouvrir un livre

Voyager sur les pages

Pieds nus sur la plage

COMPRENDRE...

Tu aimes t'égarer
Dans les chemins de papier,
Dans les mots dispersés
Sur la plage des secrets.
Quoi de plus insaisissable
Que cette question inévitable
Dans ton regard désirable,
Dans ta voix inoubliable ?

Tu aimes regarder
Tous les pas dessinés
Sur les années passées
Et ceux imaginés
Pour enfin attraper
Les mots partis errer
Sur les pages froissées
De phrasés contrariés

.../...

…/…

Tu aimes ne pas comprendre
Pour encore mieux apprendre,
Découvrir et attendre
Comme une chance à prendre,
Ce chemin perdu, le reprendre
Sans jamais t'en défendre…
Voici pour te surprendre
La vie de mots sans encre…

Pensée sur la feuille

Ecriture verticale

Le chant de la pluie

QUI SUIS-JE ?...

Serais-je un étang
Retenant le soleil couchant
Ou ce mot émouvant
Allongé sous tes doigts tremblants...

Serais-je un panka blanc
Dispersant les quatre vents,
Ou l'encre d'un poème lent
Dans ton ciel s'endormant...

Qui es-tu ?...

Ranger les idées

Par ordre alphabétique

Oublier la date

EN ATTENDANT LE PRINTEMPS

J'ai confié à la Terre
Les lettres de ce mot,
Poussant vers la lumière,
Il fleurira bientôt

J'ai confié à la mer
Le roulis de ce vers
Qu'une étoile de mer
Teintera d'outremer

J'ai confié à la vie
La page qui te sourit,
Son poème ébloui
S'élance en gazouillis

.../...

.../...

J'ai confié au printemps
L'équilibre élégant
Et la soie d'un ruban
De ton livre se fermant

Ecrire une histoire

Choisir les mots un à un

Lire ton sourire

FRELE LENTEUR

D'une frêle lenteur
J'écris toute la splendeur
De l'équilibre penseur
Sur le fil des heures.
C'est une suave mollesse
Qui modèle sans cesse
La valeur de l'instant
En un pendulaire mouvement...

D'une lente lueur
Le soleil rêveur
Se lève en longueur
Sur les plaines de fleurs.
Quel alanguissement
Dans les notes du chant
De l'oiseau s'attendrissant
A la lune s'endormant

.../...

…/…

Dans l'absolue lenteur
Tombe avec douceur
Goutte à goutte dans mon cœur,
L'éternel bonheur.
Des sons en apesanteur
Sous leurs fragiles couleurs
Attendent en toute candeur
De déguster la saveur
De cet instant ensorceleur…
Telle est la force de la lenteur…

Il était une fois

Un mystère réfléchit

Le miroir médite

TRACER UNE LETTRE

Tracer une lettre
Avec le brouillard,
La faire disparaître
Au creux d'un foulard

Regarder par la fenêtre
Le vol des oiseaux,
Et voir renaître
Le ciel mot à mot

Peindre dans un livre
En équilibre sur la rive
Un rêve enfin libre
Et te l'offrir pour le vivre…

Silence fluide

Ondulation de lecture

Surface des mots

J'INVENTE UN MOT...

J'invente parfois un mot
Simple, sobre et beau,
Comme la note d'un piano
Dans un joyeux tempo,
Evadée d'un concerto
Rue de Solferino

J'invente parfois un son
Clair, doux, comme un édredon,
Dont l'unique raison
Rime avec passion,
Audacieux comme un pont
Sur un silence sans fond...

J'invente parfois un mystère
Enflammé de lumière,
Paré de chiffres aléatoires
En équilibre entre l'espoir
Et l'instinct si certain
De ce livre qui t'étreint...

Jouer à la marelle

De la Terre au Ciel

Sauter sur un pied…

…Et puis… s'envoler !…

Livres précédents (BoD)

* *Dans le Vent (VII 2017)*
* *Ecrits en Amont (VIII 2017)*
* *Jeux de Mots (VIII 2017)*
* *Etoile de la Passion (VIII 2017)*
* *As de Cœur (XI 2017)*
* *Pensées Eparses et Parsemées (XI 2017)*
* *Le Sablier d'Or (XI 2017)*
* *Rêveries ou Vérités (I 2018)*
* *Couleurs de l'Infini (II 2018)*
* *Exquis Salmigondis (V 2018)*
* *Lettres simples de l'être simple (VI 2018)*
* *A l'encre d'Or sur la Nuit (X 2018)*
* *A la Mer, à la Vie (XI 2018)*
* *Le Cœur en filigrane (XII 2018)*
* *Le Silence des Mots (III 2019)*
* *La Musique Mot à Mot (IV 2019)*
* *Les 5 éléments (V 2019)*
* *Univers et Poésies (VIII 2019)*
* *Les Petits Mots (X 2019)*
* *Au Jardin des Couleurs (XI 2019)*
* *2020 (XII 2019)*
* *Nous... Les Autres (X 2020)*
* *Ombre de soie (III 2020)*
* *Les Jeux de l'Art (IV 2020)*
* *Harmonie (VI 2020)*
* *La source de l'Amour (VIII 2020)*
* *Au pays des clowns (X 2020)*
* *365 (XI 2020)*
* *L'Amour écrit... (XII 2020)*
* *Haïkus du Colibri (II 2021)*

.../...

.../...

* *Le Bonzaï d'Haïkus (IV 2021)*
* *Blue Haïku (V 2021)*
* *Avoir ou ne pas Avoir (VII 2021)*
* *Haïkus du Soleil (VIII 2021)*
* *Equinoxe (XI 2021)*
* *Un jour... Un poème (XII 2021)*
* *50 nuances d'Amour (VI 2022)*
* *Haïkus de l'Eté (VIII 2022)*
* *Haïkus blancs de l'Hiver (X 2022)*
* *Philopoésie (XI 2022)*
* *Toujours (XII 2022)*